AF595712

Guide fantaisiste de Paris à Bade
(De Gill.)

De Paris à Bade

GUIDE FANTAISISTE

PRIX : 50 CENTIMES.

PARIS, LIBRAIRIE DE LA PUBLICATION
19, Rue des Martyrs, 19.

BAGATELLES DE LA PORTE

Avant d'entrer en matière, voulez-vous permettre à l'Éditeur de cet album, ô Lecteur de bonne volonté, de vous présenter un petit livre rempli de choses excellentes ?

Ce n'est point ici une de ces annonces traîtres, embusquées dans les carrefours de la Librairie, et qui sautent à l'œil épouvanté pour détourner les gens de la suite naturelle de leurs idées.

Non : Ce petit livre se rattache étroitement à notre sujet. Il y est fort question de BADE, et il est rempli de politesse pour notre album. Voilà pourquoi nous lui rendons la pareille, et vous conviendrez que ce n'est pas sans raison, quand vous connaîtrez son titre printanier et sa spécialité voyageuse.

Paraît en juin à la librairie de la PUBLICATION. Il est spécialement destiné aux touristes, aux baigneurs, aux personnes qui passent l'été à la campagne, et contient des avis précieux, sous une forme amusante et éminemment littéraire. — C'est une grande volupté que de savoir d'avance si le carnaval de l'année prochaine sera long ou court. Il était d'ailleurs difficile d'attendre l'hiver pour publier un almanach dont la spécialité est toute champêtre. NOTES SUR BADE, par C. Joliet. L'ALMANACH DE LA VILLÉGIATURE est expédié franco sous enveloppe, contre toute demande affranchie accompagnée de 60 cent. timbres-poste.

A la Publication, 19, rue des Martyrs, à Paris.

DE PARIS A BADE

Guide fantaisiste.

Etes-vous prêt ? Ce n'est pas que je m'impatiente, mais le thermomètre marque trente-cinq degrés à l'ombre, et je ne serais pas fâché de respirer un peu. Vous faites vos malles ? Est-ce bien nécessaire pour une excursion à la banlieue de Paris ? Car on ne me fera jamais croire que Bade soit à l'étranger. Les prétentions allemandes de cette ville coquette sont de simples agaceries, des effets de couleur locale auxquels on fait semblant de croire, mais dont on sait le compte qu'il faut tenir : Là où se trouve le Boulevard Montmartre est la France entière. Paris, a dit un de nos plus savants géographes, est borné au nord par la rue Lafayette, au sud par le Louvre et les Tuileries, à l'est par la Porte Saint-Martin, à l'ouest par le bois de Boulogne. Vous voyez que ce n'est pas énorme et qu'il n'y a pas de grandes difficultés à déplacer tout cela. Maintenant que le prix de cent mille francs a été couru, que voulez-vous que nous fassions ici ? Nous remplacerons la cascade de Suresnes par celle de Géroldsau et l'avenue de l'Impératrice par l'allée de Lichtenthaler.

Il est évident d'ailleurs que l'homme n'a pas été créé pour être renfermé entre quatre murs, et pour vivre d'affaires de bourse, de bals, de conférences et de premières représentations. Il se ressent de son origine et a besoin de revoir de temps en temps les feuillages et les jardins qui ornaient sa première demeure. De là cette fièvre d'émigration qui s'empare de tous les esprits aux premières ardeurs de l'été. La ville pèse sur le citadin, et ses longues rues font l'effet de corridors ou d'étaux, entre lesquels on circule péniblement. On est pris de la nostalgie de la verdure, et l'on tend les bras vers l'horizon en criant : Des ailes !...

C'est dans de semblables dispositions qu'il est dangereux de voir passer des robes blanches sous les charmilles. A ce coup on abandonne les Boulevards et la rue Vivienne, pour poursuivre Galathée sous les saules. Et Galathée, qui sait à quel point la nature embellit la beauté, émigre au delà du Rhin, entraînant dans les plis de sa robe Paris tout entier.....

Paris est tout à Bade et n'est plus à Paris.

Et le voilà parti avec ses équipages, ses cavaliers, ses grandes dames, et même ses petites, dont nous ne dirons pas grand mal....

Oh ! mon Dieu ! il ne faut pas s'étonner de cela : Nous sommes de ceux qui trouvent que les unes et les autres font bien dans la perspective. Les jupes traînantes de ces dernières ne manquent pas d'allure et sont comme les eaux du pays. On est bien aise de les savoir là, et personne n'est forcé d'en prendre. Elles animent si bien le paysage !

Et puis, de quoi s'occuperait-on du matin au soir, sinon des personnes qu'on tient à distance. Les archiduchesses ne sont pas fâchées de rencontrer sur un terrain neutre les reines d'un jour, — et ces reines, qui les détestent si cordialement, sont enchantées d'affirmer les droits de la beauté, à côté de ceux de la race. C'est un tournoi à ciel ouvert, où les combattants ne blessent que les témoins de leurs passes d'armes...

Gill, à qui je lis ce début, prétend que je suis troubadour et mythologique :

— Ce n'est pas ça ! fait-il en agitant son crayon redoutable, tu sens la rose, tu empoisonnes le jasmin ! Il s'agit d'aller à Bade, n'est-ce pas ? Eh bien ! qu'est-ce que tu me chantes ?

— Je ne chante pas, je fais l'éloge de la vie champêtre, avec des formes littéraires. Virgile a dit : *O rus !* Tu ne prétends pas aller à Bade en sabots ?

— Pourquoi pas ?

QUELQUES ABONNÉS DE LA TRINCK-HALL

Noblesse panachée : grands ducs, marquis, barons, chevaliers..... et autres industries.

Grande modestie et petite-vérole... Ne veut pas qu'on la voie boire.

Ces dames : anglaise et margrave.

Ces messieurs : Philosophe et Crevés

CONSOMMATRICES VARIÉES.

Amanda Fortegrue prononce *Trinque Halle*... et demande à baigner son chien.

Gretchen Schick, un estomac d'une délicatesse !... Ne peut digérer que la saucisse et la choucroute.

Milady, mylord et leurs misses dans l'exercice d'un sacerdoce :
L'estomac *for ever !*

Quand ce ne serait que pour l'amour du cocher ci-dessus, prenez une voiture, et filez vers la Cascade.

On vous présentera, en route, l'arbre près duquel le roi de Prusse a failli être découronné pour l'éternité ; ces choses là ne sont pas mauvaises à voir.

Puis vous achèterez une canne au petit marchand de la rive ; cela peut être utile en ménage.

Puissiez-vous rencontrer au retour la petite que voici ! Ne vous inquiétez point si elle parle votre langue ; elle les comprend toutes.

LA CASCADE.

Voir une truite, la seule : elle a des appointements pour séjourner dans cette rivière de poche.

Le débat s'envenime. Gill, qui est l'homme le mieux mis de France, défend la blouse et la casquette. Cette scène se passe au cabaret, sous une tonnelle de chèvre-feuille. L'air est rempli de parfums ; des poules gloussent sous la table ; il y a des coqs au fond des assiettes. Un gros chat roux, assis gravement sur la nappe, devant la salière, nous écoute attentivement. La servante arrive, apportant des fraises dans un grand saladier. Elle a les yeux bleus. Notre emportement se calme à sa vue ; il est convenu que chacun fera le voyage à sa guise. On sera libre de s'habiller comme son domestique et de se donner des gages. C'est tout au plus si l'on se retrouvera à l'heure des repas. L'éditeur s'arrangera comme il pourra de cette incohérence de texte et d'illustrations, qui n'auront d'autre point de contact que ceux d'une amitié émaillée de querelles ...

A quoi l'éditeur a répondu malhonnêtement — la vérité m'oblige à le déclarer — qu'il s'inquiétait peu de nos dissensions, et que, pourvu qu'il eût des dessins de Gill, il ne demandait pas autre chose :

A Bade maintenant !

BADE

« Bade est un parc anglais, fait sur une montagne,
Ayant quelque rapport avec Montmorency. »
Ces vers sont de Musset ; il écrivait ceci
Au retour d'un voyage au fond de l'Allemagne,
Ennuyé quelque peu d'une sotte campagne,
Et sa mauvaise humeur continuait ainsi :

« Vers le mois de juillet, quiconque a de l'usage
Et porte du respect au boulevard de Gand,
Sait que le vrai bon ton ordonne absolument
A tout être créé, possédant équipage,
De se précipiter sur ce noble village
Et de s'y bousculer impitoyablement. »

« Les dames de Paris savent, par la gazette,
Que l'air de Bade est pur et parfaitement sain.
Comme on va chez Herbaut faire un peu de toilette,
On fait de la santé là-bas : C'est une emplète
De roses au visage et de neiges au sein,
Ce qui n'est défendu par aucun médecin.... »

Comme on se laisse aller à l'heureuse harmonie
De ces vers qui s'en vont trois à trois, en chantant !
Ne vaudrait-il pas mieux en copier autant
Qu'il en faudrait pour voir notre tâche finie ?
Que ceux qui s'en plaindraient lèvent la main.... Pourtant
On m'a dit que Musset n'avait pas de génie.

C'est possible. Il avait mieux que cela : l'accent,
Le charme qui séduit, la grâce enchanteresse :
Il versa le premier, à nos têtes d'enfant,
Dans des vers inspirés, une brûlante ivresse.....
Mais il ne s'agit pas de cela ; je m'empresse
De retourner à Bade où Gill peut-être attend.

BADEN-BADEN

Est-il convenable d'entrer de plein saut dans cette petite ville allemande, dans ce nid bourdonnant et verdoyant, où la richesse et la beauté font leur nid tout l'été ? Ne dirons-nous rien de la route, et de cette ligne de l'Est, flèche onduleuse qui part d'un boulevard de Paris pour se perdre au cœur de la Germanie ?

Le chemin de Paris à Bade, c'est la cathédrale de Strasbourg. — Et à propos de cette cathédrale, j'ai un secret à vous apprendre, secret gros de voluptés pour ceux qui sauront l'entendre et le comprendre, pour les esprits d'élite assez riches pour perdre leur temps ; et quelle prodigalité plus grande ! Qui donc peut évaluer le temps ? L'Anglais, ce peuple compteur par excellence, le taxe au poids de l'or, n'ayant pas d'étalon plus précieux à lui appliquer.

Ne parlez donc pas de jeter l'argent par les fenêtres : le premier millionnaire venu peut s'en passer la fantaisie. Mais perdre son temps ! O dépense sans égale ! ô sublime gaspillage ! Le perdre sciemment, voluptueusement, contre sa conscience et presque sa volonté, quand on a mille choses à faire qui ne peuvent se remettre, quand il sera TROP TARD demain ! Que l'Enfant prodigue est mesquin auprès de ce marquis qui passait des journées entières à cracher dans un puits pour faire des ronds !...

Oui, chers perdeurs de temps, vous êtes les maîtres du monde, et tous les poètes vous ont chantés. Vous souvenez-vous de ce condamné à mort auquel un geôlier ouvre la porte et qui s'obstine à finir un sonnet ? L'heure passe, et la porte se referme avec un bruit sourd.... Quel temps glorieusement perdu ! Voyez-vous Roland, se retirant à pas lents devant l'ennemi qui l'assaille ?... — Il a le temps ! son sang coule, mais pourquoi se presserait-il ? Et quelle ivresse de perdre son temps, en même temps que la vie !...

Bref, voici mon secret : En sortant de l'hôtel de l'Ours pour aller à la cathédrale de Strasbourg, on passe par un dédale de ruelles où se trouvent des marchands papetiers. On voit à leur étalage de ces petits parachutes en papier de soie, festonnés et coloriés, tels que ceux qu'affectionnent les babys des Tuileries. Ne craignez pas d'en acheter plusieurs douzaines, avant de monter à la flèche, ou du moins au sommet de la tour carrée sur laquelle elle est posée et se balance doucement.

Il n'y a pas d'inconvénient, quand on est arrivé là, à regarder le paysage splendide qui se déploie, et dans lequel le Rhin serpente et miroite. L'important est de se pencher sur le balcon de pierre et de lancer l'un après l'autre ses parachutes dans l'espace...

Cela n'a l'air de rien ? Eh bien ! je vous engage à en essayer. Si la journée que vous passerez à suivre ces papillons blancs ne compte pas parmi les meilleures de votre vie, je renonce à perdre mon temps désormais.

De Strasbourg à Bade, il n'y a que le pont de Kehl, et de jeunes filles allemandes qui versent un petit vin blanc qui a goût de pierre à fusil. Quant à faire tenir le Rhin dans notre verre, c'est une affaire de proportion : un verre assez grand, des eaux assez basses. Les poètes me font toujours rire...

Gill, qui est entré d'emblée à Bade avec son crayon, s'étonne que je ne sois encore qu'à la frontière. Voilà un homme pressé. J'avoue mon faible pour les bagatelles de la porte. Et d'ailleurs j'arrive.

Ce qui me surprend toujours, c'est de rencontrer à l'étranger les mêmes arbres, les mêmes prés, les mêmes côteaux que dans ma patrie. Cela fait réfléchir. Les hommes sont-ils donc frères ? Cela est dur à penser, quand on songe aux Auvergnats.

Mais voici Bade, Bade qui déploie à nos yeux ses masses de verdure. Sur un fond sombre se profilent les arêtes de monuments grecs. On croit voir le Parthénon, et l'on s'en émeut, car on sait qu'il a été expédié en Angleterre. Ce n'est pas le Parthénon, c'est LA CONVERSATION.

Ce nom-là dit tout. Il y a des célébrités qui priment toutes les autres. Vous savez l'histoire de ces amis de collége, qui se retrouvent au bout de dix ans, courant sus à l'ennemi dans une charge de cavalerie.. — Georges !... — Frédéric ! — A la Rotonde !...

Et, séparés par la guerre, ils se retrouvent, six mois plus tard, au Palais-Royal.

LE DERNIER MOT DE LA SITUATION

Va ! digère, appuyé sur tes vastes talons,
Peuple Badois, et ris, pressant sur ta bedaine,
La saucisse, qui t'a fait rond comme Dardenne
Et *la chope*, dont l'or dora tes cheveux blonds ! ! !

VOYAGE DANS LE BLEU DE L'ART

C'est ainsi qu'au bal ou sur le Turf, on se donne rendez-vous à *la Conversation*, ou plus simplement à Bade. C'est un rendez-vous d'été qu'on a sous la main, et où l'on retourne un peu par habitude, et beaucoup par plaisir.

Et considérez l'astuce avec laquelle on agit pour entretenir cette vogue... (Je suppose que le mot astuce n'est pas trop fort; Scribe a dit dans l'*Étoile du Nord:* Aimable Russe, que j'aime ton astuce!..); on n'a pas seulement à Bade la fraîcheur des cascades et l'ombre des forêts, à opposer à la poussière altérante des villes ; on dérobe à celles-ci toutes leurs séductions.....

Les grands artistes de toutes races, les musiciens illustres et les comiques exubérants, les minois les plus doux et les jambes les plus rondes sont appelés dans cette oasis pour la remplir d'éblouissements. C'est le Théâtre Italien avec ses couvées de rossignols, le ballet-féerie avec ses nymphes court-vêtues. — Ce n'est rien encore : Bade offre des eaux thermales et de la musique de chambre à ceux qui les aiment, et même des comédies de l'école du bon sens, — et au besoin des tragédies de Ponsard, de l'Académie française!... Oh! les tragédies de Ponsard!....

On dirait de la prose où les vers se sont mis...

Quand je vous dis que ces gens ne reculent devant rien : La peste serait à la mode qu'ils trouveraient moyen de l'offrir au public. Et ce serait pourtant chose difficile, car on jouit à Bade d'une santé désespérante. On n'a pas le loisir d'y être malade, et l'on n'y meurt jamais. Ce n'est pas moi qui le dis, notez-le bien, mais un homme sérieux, qui connait Bade sur le bout du doigt, qui fait de l'histoire et qui s'exprime ainsi :

« Bade est certainement le jardin de l'Europe. Y a-t-il beaucoup de vrais malades dans ses murs? Peut-être, mais on ne les voit pas. Tous les honnêtes gens, toutes les jolies femmes, toutes les jeunes filles qui se pressent dans la *Trinkhall*, afin de boire les eaux, se portent le mieux du monde, et ne semblent nullement disposés à faire exception à la règle générale qui ne permet pas qu'on meure à Bade... en été. De mémoire de baigneur, on n'a vu, dans cette ville fortunée, un enterrement de mai en octobre. Les habitants eux-mêmes s'arrangent pour ne mourir qu'en hiver. Tant pis pour ceux qui sont pressés ; — il faut qu'ils attendent. » (C. Lallemand. — *Le Duché de Bade.*)

A la bonne heure ! Maintenant que nous sommes sûrs de ne pas mourir, voyons à quoi nous pourrions bien nous amuser : Avant d'entrer à *la Conversation*, voulez-vous voir un peu le pays ? Car enfin, il y a des gens qui vont à la campagne pour l'amour des gazons et des arbres, et l'on ne peut absolument les blâmer. J'en connais qui préfèrent le point de vue au paysage ; je sais un peintre qui a accepté un château et ses dépendances en échange de la toile où il les avait représentés. Le trait est d'un sage. Il m'est arrivé quelquefois de rencontrer des bœufs aussi bien réussis que ceux de Rosa Bonheur. Et certainement ils étaient moins chers....

Ce n'est pas que les choses d'art n'aient leur mérite : un bon sonnet et un bon tableau sont deux choses excellentes. On les garde chez soi pour les retrouver de temps en temps, et sentir renaître, meilleure et plus profonde, l'impression première qu'ils ont produite en nous. — Mais la nature a cela pour elle : c'est que ses chefs-d'œuvre sont éternellement nouveaux. Quand elle a réussi une perspective, elle la pare avec amour et d'une façon toujours diverse. Le paysage a sa toilette de chaque jour, suivant le temps, la saison, le soleil ou la lune, le jour ou la nuit, l'oiseau, le nuage qui passe. — Ce qui peut expliquer la préférence donnée à la nature sur le tableau.....

Bade possède au plus haut degré ces coquetteries champêtres, qui sont celles que nous apprécions le mieux. D'admirables petits chemins conduisent dans des retraites mystérieuses, dans des solitudes agrestes. — Et l'on trouve, au bout de ces excursions, Ebersteinschloss, la tour d'Yburg, le château de la Favorite et le Vieux Château, où l'on entend des harpes éoliennes qui jettent les gens nerveux dans d'indicibles extases.

LE JEU

8 heures du matin : Les numéros qu'on rêve.

11 heures : Premières salutations et platitudes au vis-à-vis du SAC demi-souriant, demi-terrible de la banque.

Et jusqu'à minuit, consultation de la carte à piquer, une véritable amie....... qui trompe,

à moins qu'elle n'aide à faire sauter la banque.... auquel cas l'amour de ces dames ne vous fera point défaut. — Amen !

RÊVES DE JEUNE FILLE

LA CONSULTATION DE LA PAQUERETTE.

La nouv... m'aime..... un peu..... beaucoup..... passionnément..... etc., etc.

Deux amoureux entraient dans l'allée assombrie :
Elle, toute rêveuse, indécise, attendrie ;
Lui, fier et doucement penché vers son trésor....

Je voulus avancer ; — mais, barrière vivante,
Dans la nuit, remplissant l'arcade murmurante,
Des Amours voltigeaient, armés de flèches d'or.

Certes, il y a quelque chose à voir dans ce coin de l'Allemagne, où des ruines pittoresques racontent l'histoire des Burgraves du Rhin, dont les nids démantelés sont encore accrochés aux cimes des montagnes. Dans les chasses splendides de septembre et d'octobre, on peut encore rencontrer, au détour d'un massif, le chasseur noir à plume rouge, — motif de Weber :

Des chasseurs, entends-tu l'aubade,
Bade ?
Allons, célèbre le vainqueur,
Chœur !...

Les fanfares du Freyschutz font résonner la forêt aux sombres ramures, — et l'on sort de ce monde enchanté, de cette poésie d'autrefois, magnifiquement encadrée, pour retrouver, dans les salons de *la Conversation*, les plaisirs de Paris, les toilettes des boulevards et les enivrements du luxe moderne.

Puis arrive LE JEU, un gouffre; (?) un abîme, (?) auquel on fait une réputation détestable, et que je ne prétends pas réhabiliter....

Mais je citerai volontiers l'opinion d'un charmant écrivain sur la matière. Après avoir passé en revue les déclamations de Frédérick Lemaître, dans *Trente ans ou la vie d'un Joueur*, C. Joliet conclut ainsi :

« Toutes ces homélies sont puériles. En principe, un homme qui veut jouer trouve toujours cent portes ouvertes à son argent. Je donnerai sur cette question mon opinion toute entière et sans arrière pensée. Partout où l'on joue, depuis les cercles et les maisons particulières jusqu'aux derniers tripots, on peut se trouver plus ou moins exposé à jouer contre un inconnu qui corrige les fantaisies de la dame de pique. Des procès récents l'ont montré. En second lieu, quand on gagne de l'argent à un homme, le gain peut laisser une sorte de remords dans certaines circonstances. Sans parler des remords, on peut avoir du regret. On cherche à laisser son adversaire se rattraper. On éprouve souvent un sentiment pénible d'avoir été trop favorisé par le hasard, et l'adversaire qu'on a en face de soi ne vous offre pas généralement un visage très-récréatif. Enfin, et ceci est à peser, rien ne peut arrêter l'entraînement du jeu, et on peut perdre sur parole une fortune entière. Dans une maison de jeu, rien de pareil. Vous ne jouez qu'argent sur table, et si vous voulez perdre une maison ou une propriété, il faut la vendre. Ensuite, vous pouvez faire sauter la banque avec une parfaite tranquillité d'âme. Vous ne jouez pas contre quelqu'un, vous jouez contre une institution, et c'est pain bénit que de lui enlever des montagnes d'or. Enfin le jeu est loyal..... »

Il ne faut pas d'autre morale à cette promenade. Ne trouvons pas mauvais qu'on achète un peu d'espérance, quand on en trouve l'occasion. Qui n'a pas fait sauter la Banque, — au moins en rêve? — Et quels châteaux en Espagne accompagnent ces fortunes subites, inespérées, — qui s'envolent au réveil !... — Ne vous plaignez donc pas, et payez pour le rêve....

Gill s'étonne que j'aie laissé de côté tout un chapitre, qui n'est qu'indiqué par les vers inscrits au bas de l'Allée de Lichtenthaler : — *Les femmes*, dit Offenbach, *il n'y a que ça!*

C'est notre excuse. Si nous en avions parlé, elles auraient immédiatement envahi cet Album, de la première à la dernière page. Elles valent bien la peine qu'on en fasse un tout exprès pour elles, et je propose pour l'année prochaine « BADE GALANTE, » avec lacs d'amour, colombes accouplées, amours à carquois et flèches mythologiques..... — Est-ce convenu, Gill ?

GILL (*voix de basse-taille*) : — C'est convenu.

L. G. J.

INDEX

du Guide illustré de Paris à Bade.

LE VÉLOCIPÈDE ILLUSTRÉ

VÉLOCIPEDIE, SPORT NAUTIQUE, ARTS ET SCIENCES MECANIQUES, BEAUX-ARTS, INDUSTRIE

On nous permettra, en quittant Bade, de recommander à nos lecteurs un Journal spécial, dont le succès grandit depuis deux ans, et qui s'est acquis, dans les questions de Sport, une légitime influence.

Le Vélocipède illustré est resté fidèle au titre sous lequel il a fait ses premières armes, mais il aborde tous les sujets qui peuvent intéresser le Sport, à la seule exception du cheval, représenté par des feuilles connues.

Le canotage, la gymnastique, la Vélocipédie, tout ce qui tend à développer les forces de l'homme, à améliorer la race, à rendre aux générations la vigueur et la beauté, est du ressort de ce Journal.

Peut-être n'est-il pas inutile, quand on fait tant pour l'élève du cheval, de songer un peu à l'élève de l'homme.

Le Vélocipède illustré paraît le jeudi et le dimanche, et réunit, dans une même communion d'idées, les Vélocipédistes français et étrangers. Il publie des dessins de modèles nouveaux, Monocycles, Bicycles et Tricycles, et tient ses lecteurs au courant de tout ce qui concerne la Vélocipédie et le Sport nautique. — Programmes et Comptes-rendus de toutes les Courses françaises; — Correspondances anglaise, allemande, espagnole, américaine, etc., etc.

Abonnements pour Paris et les Départements :

Un an : 10 fr, — Six mois : 5 fr. — Trois mois : 3 fr. — Le double pour l'Etranger.

Par mandat ou timbres-poste adressés franco aux

Bureaux de la Publication, 19, rue des Martyrs, à Paris.

Meaux. — Imprimerie A. COCHET.

www.ingramcontent.com/pod-product-compliance
Lightning Source LLC
LaVergne TN
LVHW050512160826
845677LV00003B/1093

9782329618661